NAPOLÉON

EMPEREUR DES FRANÇAIS

PAR

ANTOINE G…

« Un particulier …
« et la violence …
« prince un défenseur …
« comparaison, que …
« treprendraient de l'…
« Le magistrat sou…
« de toutes violence…
« violence son…
« parce que son …

ALGER

IMPRIMERIE CENTRALE (USINE A VAPEUR)

1869

MÉMOIRE

A SA MAJESTÉ

NAPOLÉON III

EMPEREUR DES FRANÇAIS

PAR

Antoine CLÉMENT

———·‹⊙∙⊙›·———

ALGER

IMPRIMERIE CENTRALE (USINE A VAPEUR). — EUG. GARAUDEL

—

1869

MÉMOIRE

A SA MAJESTÉ NAPOLÉON III

EMPEREUR DES FRANÇAIS

> « Un particulier est en repos contre l'oppression
> « et la violence, parce qu'il a en la personne du
> « prince un défenseur invincible, et plus fort sans
> « comparaison, que tous ceux du peuple qui en-
> « treprendraient de l'opprimer.
> « Le magistrat souverain est l'ennemi naturel
> « de toutes violences. Ceux qui agissent avec
> « violence sont en abomination devant le roi,
> « parce que son trône est affermi par la justice. »
>
> « BOSSUET. »

SIRE,

Un pauvre ose se constituer audacieusement le défenseur d'un autre pauvre, et déposer aux pieds de Votre Majesté les griefs qu'il croit devoir lui exposer à l'encontre de l'administration algérienne, parce qu'elle l'a ruiné et dépouillé pour se glorifier auprès d'elle en lui offrant en hommage un Palais impérial.

La sollicitude toute paternelle de Votre Majesté pour ses sujets m'est un encouragement ; je suis convaincu que, la vérité arrivant jusqu'à elle, justice sera faite à l'opprimé.

C'est pourquoi j'ose solliciter avec un profond respect la permission de développer les faits qu'il est bon de soumettre à sa suprême et juste appréciation, en la suppliant de me pardonner quelques développements politiques qui me sont indispensables pour exprimer sainement ma pensée.

I

Qui je suis

Il y a bientôt un siècle que, sur une terre éloignée que la main de Dieu a placée dans la plus belle mer du monde, entre l'Italie, l'île de Sardaigne et la France, un homme sorti d'une honnête famille et portant le nom de Napoléon Buonaparte, reçut la vie, l'intelligence et le génie qui devait en faire le plus grand capitaine du monde. Presque en même temps, et à quelques pas de la maison où les desseins impénétrables du Créateur venaient d'écrire les destinées du nouveau né, un autre enfant naquit et devint l'ami dévoué de celui qui devait plus tard faire flotter le drapeau de la France dans toutes les nations du monde, apprenant à l'orgueil monarchique de vieille roche que Dieu donne la puissance, la force et le génie à qui il lui plait. Cet enfant, contemporain de l'Empereur Napoléon Ier, ami d'enfance et d'étude de ce grand monarque, devint mon aïeul maternel, il portait le nom d'Etienne Conti.

Votre Majesté qui a daigné apprécier les mérites et les éminents talents de Monsieur Etienne Conti, mon cousin germain, voit aussitôt que, bien qu'enfants d'un même sang, les destinées sont bien différentes parmi les hommes; car si, par une gracieuseté de Votre Majesté, mon proche parent est devenu une des premières dignités de l'Empire, je suis, hélas! réduit à vivre assez misérablement du fruit de mon travail dans un petit village du département du Var.

Sire, tels sont mes titres à la bienveillance de Votre Majesté, et je devais les lui faire connaître, puisque l'esprit me pousse à lui adresser avec confiance en sa magnanimité et en sa justice la défense d'un pauvre.

II

Ce que j'ai été

Si Votre Majesté sait maintenant qui je suis et d'où sort le sang maternel qui coule dans mes veines, dois-je lui cacher mon origine paternelle et rougir en quelque sorte de celui qui m'a donné le jour? Daigne mon souverain me permettre un mot à la mémoire de mon digne et bien regretté père, sa , vie honorable pendant quarante années dans l'administration des contributions directes m'en fait un devoir.

Pendant que l'Empereur Napoléon Ier poursuivait ses conquêtes avec cette science et cette fermeté à nul autre possible, mon aïeul paternel, Antoine Clément, avait mis sa fortune et son intelligence au service de l'Empire ; et, s'étant associé avec les généraux Moreau, Berthier et autres, il entreprit l'exploitation de la forêt de la Nebbio pour procurer à la marine de l'Etat des bois de mâture qui ne pouvaient plus lui arriver de Suède. C'est ainsi qu'il transporta sa fortune en Corse et que, l'Empire croulant, ses navires marchands brûlés et coulés bas par la flotte anglaise, ses associés tués ou émigrés, ou proscrits, il demeura seul en face d'un désastre qu'il para cependant au prix de tout ce qu'il possédait, et que, presque réduit à la mendicité par ces malheurs que Votre Majesté comprend, il fut obligé de se séparer de son fils aîné qui accepta de la Restauration une position de contrôleur des contributions directes. C'est ainsi, Sire, que le gendre d'Etienne Conti fût contraint par la nécessité à accepter une très-modeste position administrative.

Noblesse oblige, disaient autrefois les valeureux chevaliers qui se constituaient les défenseurs de la patrie, mais, mon père, homme droit, juste, loyal, intègre, franc, honnête, et profondément religieux, disait : serment oblige. D'où, plus par devoir que par une conviction profonde, il devint légitimiste après avoir été, sous l'Empire, aide de camp du général Berthier.

Enfant d'un honnête homme, je ne pouvais ne pas chercher à imiter ses vertus, sa probité et sa foi politique ; j'étais donc légitimiste dès l'enfance, et ne savais que crier vive le roi.

L'âge de raison arrive au moment où la branche aînée des Bourbons est expulsée de France par la Révolution de juillet ; mais je demeure fidèle à mes convictions politiques, et la branche d'Orléans n'a jamais pu m'arracher un seul mot qui pût l'autoriser à croire que j'étais son partisan. C'est pourquoi, dans ma modeste sphère, j'ai choisi une profession libérale.

Les phases de la vie humaine sont changeantes, l'homme enfant ne sait que ce qu'on lui enseigne ; mais, devenu homme mûr, il réfléchit sur les actes de la vie sociale ; il pèse, il calcule, il approfondit l'histoire ; il étudie la politique, et finit par se faire à lui-même un raisonnement qui est plus ou moins sincère selon qu'il a plus ou moins d'intérêt à suivre telle ou telle voie, mais qui est toujours lumineux et vrai lorsque les intérêts ne sont pas en lui la pensée dominante.

Homme libre et indépendant, n'étant tenu par aucun lien à l'état des choses établies, je n'avais qu'un seul devoir à accomplir, celui de demeurer bon citoyen français, et de désirer pour mon pays : honneur, grandeur, puissance, liberté, bonheur, tout ce qui rend un peuple viril et sage, prudent et honnête, droit et juste, loyal et intègre, digne et généreux, soumis à l'autorité et à la loi, fidèle au serment donné par ses pères, ami de l'ordre et de la paix, en un seul mot, soumis aux lois de Dieu hors desquelles il ne peut y avoir ni sécurité, ni bonheur, ni prospérité.

Ma foi politique se transforma donc, et, enfant de droit divin, j'appris avec la raison que le droit divin des monarques dérive du droit divin des peuples qu'ils sont appelés à gouverner, et que, si toute monarchie est élevée par la main de Dieu, cette main puissante n'agit et n'opère que par la voix du peuple qui veut qu'une tête couronnée veille à ses destinées. Dès lors, ce cri s'échappe de ma poitrine : *vox Populi, vox Dei*, et je deviens ainsi légitimiste du droit national.

Ami de l'abbé de Genoude, ami d'Honoré de Lourdoueix, ami du Marquis de Larochejaquelein, j'ai coopéré avec eux à la grande œuvre de l'Emancipation Electorale du peuple français, et, pendant quinze années, je n'ai cessé de demander pour mon pays le vote universel et l'appel au peuple.

La république de 1848 me trouve dans ces pensées et je demeure fidèle à mes convictions, mais comme elles étaient sincères et consciencieuses, j'aurais voulu que, au préalable, le peuple français fût appelé à décider par un vote librement exprimé la question fondamentale de la constitution de la France, savoir : si elle se gouvernerait par une république ou par une monarchie; me promettant de me soumettre avec franchise et sans réticence à la volonté suprême de la nation. Mais le droit divin s'opposa à ce qu'il en fût ainsi, sa confiance aux décisions du peuple était plus que dubitative c'était un droit et un droit inviolable de souveraineté qu'il réclamait, et Genoude, cet homme aux convictions fortes, puissantes et sincères, dût céder aux injonctions de monsieur le Comte de Chambord et de monsieur Berryer, son organe; ce qui me procura l'occasion de lui reprocher cette faiblesse, car je ne croyais pas que son grand cœur pût être accessible à un raisonnement qui le porterait à sortir du thème dont il était le père.

L'assemblée constituante de 1848 décide que le peuple français élira un président de la république; dès-lors, tous les partis, toutes les opinions, toutes les passions, se mettent en mouvement, et la France semble être aux portes de l'abîme. Il faut donc se décider, la constituante l'a ainsi voulu, elle a préjugé la question sans mandat impératif, elle veut la France républicaine, elle le sera quand même; mais elle n'était pas née républicaine, et votre Majesté qui pressentait les aspirations du peuple français promit à monsieur de Genoude qu'elle consulterait elle-même le peuple par un appel solennel fait à l'expression de ses volontés. C'est ainsi que les hommes du droit national ont voté comme un seul homme pour le prince Louis-Napoléon Bonaparte.

Confiant dans la promesse que votre Majesté avait faite à l'abbé de Genoude dans son salon, assis à ses côtés au-dessus du portrait du Comte de Chambord, j'ai travaillé avec ardeur à cette élection présidentielle, et mon vote n'a été un mystère pour personne. Mais lorsque votre Majesté fit l'appel au peuple qu'elle avait promis, j'ai voté contre l'Empire en déposant dans l'urne un bulletin *non*, tout en me promettant encore de me soumettre loyalement et sincèrement à l'Expression de la majorité.

III

Ce que je suis

Dans ma conviction, je dois le dire à votre Majesté, je croyais que la France, fidèle au serment de ses pères, voterait pour la monarchie que les siècles avaient légitimée; il ne pouvait entrer dans mon esprit qu'elle pût vouloir se sortir de la monarchie Bourbonienne sans se suicider, et j'étais convaincu que, si elle avait été appelée à s'exprimer sur les questions de monarchie ou de république elle aurait répondu d'une voix presque unanime : Vive Henri V. Mais Dieu nous laisse vivre dans les ténébres de notre propre imagination, de sorte que si l'homme propose, lui, qui est tout-puissant et qui ne fait que ce qu'il veut, dispose des nations et des couronnes comme il lui plait.

La France ayant crié presque unanimement vive l'Empereur, j'ai dû me soumettre aux impénétrables desseins de Dieu. De là, mon refus formel de m'ingérer à l'avenir dans les affaires politiques; de là, l'abandon dans lequel m'ont laissé mes anciens amis politiques moins sincères dans leurs paroles que je ne l'étais dans les miennes; de là, encore, ma ruine. Mais comme un homme qui vit dans la crainte de Dieu ne doit avoir qu'une foi et qu'une parole, ayant juré de me soumettre à la volonté nationale, j'ai crié moi aussi : vive l'Empereur.

J'ai déjà dit à votre Majesté que j'étais l'ami de l'abbé de Genoude, d'Honoré de Lourdoueix et du marquis de la Rochejaquelein, et elle sait que je reprochais à Genoude une faiblesse et un acquiescement aux volontés du Comte de Chambord qui détruisait en lui les aspirations, les vues et les sentiments de sa vie entière; mais elle ignore que j'ai également reproché à Lourdoueix son opiniâtre résistance aux volontés nationales, et que, si le marquis de la Rochejaquelein, homme sincère, franc, honnête et dévoué à la France, a cru, dans la loyauté de son cœur, accepter de votre Majesté la position de sénateur, étant, pour ce fait, accusé d'infidélité et de félonie aux convictions politiques qu'il avait cependant clairement exprimées, je lui ai reproché de ne savoir pas se défendre avec fermeté et de ne pas faire connaître par un acte public que, pour lui, la vraie légitimité est dans le peuple, et rien que dans le peuple, qui a le droit et le pouvoir de se choisir un souverain éligible ou héréditaire.

L'abbé de Genoude voulait que le peuple pût être maître de ses destinées, et il était en cela logique avec son caractère de prêtre indépendant; la mort l'a surpris avant l'heure, et il n'a pu voir que Votre Majesté accomplissait fidèlement la promesse qu'elle lui avait faite; s'il avait vécu, il fut devenu une des colonnes de l'Empire.

Lourdoueix, homme pusillanime, mais franc, loyal et honnête, fut poussé par la nécessité à se heurter contre le gouvernement de Votre Majesté; mais, je dois le dire à l'honneur de sa mémoire, il était plus affligé de combattre l'empire qu'il ne pouvait être satisfait de ses raisonnements devenus embarrassés et nébuleux.

Le marquis de Larochejaquelein est celui qui, des trois,

aurait pu le mieux développer aux yeux de la France la sincérité des hommes du droit national convaincus, mais il a craint qu'on accusât ses paroles de flatterie, et, malheureusement pour son pays, il a cru devoir garder le silence.

Quant à moi, pauvre athlète, faible d'esprit et d'intelligence, homme inconnu et sans importance aucune, abandonné de mes amis, délaissé par ceux-là même qui ne s'appuyaient sur ma plume incorrecte, aussi faible en réthorique qu'en philosophie, que pour s'en servir comme d'un marchepied facile à gravir pour arriver aux honneurs et à la puissance, et dont quelques-uns en ont profité pour faire leurs génuflexions aux pieds de Votre Majesté, je suis demeuré dans mon humble sphère ; et, n'ayant aucun compte à rendre, puisque je n'étais que soldat, je me suis effacé de mon mieux en me soumettant à une volonté nationale qui détruisait mes rêves d'avenir.

Si donc je suis devenu impérialiste, c'est parce que les convictions de toute ma vie ont été pour la souveraineté nationale, et si, par un vote unique au monde, la nation décide qu'elle veut l'Empire, mon devoir le plus impérieux était de me soumettre à sa volonté.

Mais l'homme confond souvent les principes et les idées, il ne voit que ce qui blesse ses sentiments, il ne sent que ce qu'il serait lui-même, il ne comprend que ce qui est à la portée de sa raison, de sorte que, pour mes anciens amis politiques, le mot impérialiste signifie : âme vénale, âme vile, âme servile, âme fourbe, c'est-à-dire que, pour eux. je ne suis devenu impérialiste que pour posséder les honneurs, les distinctions et les richesses qu'ils ambitionnaient avec Henri V s'il avait réussi. Mais, pourquoi m'ont-ils ainsi accusé? Pourquoi voulaient-ils que, fidèle aux convictions de ma vie, j'aie pu ne vouloir accepter l'expression de la volonté nationale que pour satisfaire un appétit qui n'est jamais entré dans mon esprit? mon humble position n'était-elle pas un formel démenti à leurs accusations et la preuve incontestable de la sincérité de mon passé? Sire, j'aurais voulu ne pas parler de moi qui ne suis rien, qui ne demande rien et qui n'aspire à rien, mais il a fallu le faire pour soutenir ceux qui, se soumettant comme moi, ont cru devoir accepter une fonction publique du gouvernement de Votre Majesté. Je dis donc à ces hommes chatouilleux : quand même l'Empereur m'aurait élevé, alors même qu'il m'eût gratifié d'une fonction publique honorable, en admettant même qu'il m'eût distingué des autres hommes, cela serait-il une preuve que mes convictions politiques ont changé? non, car celui qui sert le souverain que la France a voulu, sert la France même.

IV

Ce que je pense d'un gouvernement

Une nation, étant une agglomération d'hommes qui s'appuient les uns sur les autres, et, aussi, elle-même l'intelligence, le génie et la puissance, ne peut ne pas être la maîtresse de ses destinées. Elle se gouverne donc comme il lui plaît, elle désigne ceux qui doivent la conduire dans toutes les phases de sa vie et leur remet ses pouvoirs; elle élève ceux qu'elle croit les plus dignes; elle abaisse ceux qui se croient les maîtres; elle se donne un souverain à qui elle transmet son autorité et sa puissance en lui imposant une constitution à laquelle il doit obéir; elle nomme enfin des conseillers municipaux, des conseillers d'arrondissement, des conseillers généraux et des députés chargés d'être entre elle et le souverain le lien qui doit sans cesse unir ses intérêts à ceux de la couronne; et, si elle leur dit : vous devenez mes maîtres, mes directeurs, mes conducteurs et ma lumière, elle ne cesse de leur faire entrevoir qu'ils ne doivent être que ses serviteurs.

Le monde, par tout ce qui s'est passé depuis bien des siècles, n'appelle serviteur que celui qui, moyennant finance, exécute toutes les volontés de celui qui le paie, et il en est venu à croire que le serviteur est un être méprisable. Mais c'est là une erreur manifeste que Jésus-Christ détruit par cette parole : « Celui qui voudra être le premier » parmi vous, sera le dernier de tous et le serviteur de » tous. » En effet, Sire, si Votre Majesté croit aux manifestations de Dieu, elle verra que, s'il est écrit dans le livre que la consommation des siècles ne verra point périr : « les premiers sont les derniers dans le royaume des » cieux. » Ma thèse deviendra pour elle une vérité absolue.

Beaucoup de savants diplomates pourront dire que c'est là une antithèse, mais une antithèse qui puise sa source dans le livre sacré serait une négation de la vérité révélée, et Votre Majesté qui tient le pouvoir et l'autorité de celui qui gouverne et dirige les mondes, les hommes et les choses, ne peut vouloir admettre que ce soit là une antithèse.

Lorsque Louis XVI disait : « *Un roi doit être le serviteur de son peuple,* » les hommes de Cour qui l'entouraient se disaient entr'eux : « *Le roi se fait crapule.* » Cependant il exprimait une pensée évangélique, et ce même peuple de qui il voulait être le serviteur, trompé par les sophismes de la science religieuse de l'époque plus que par ses sentiments de mépris pour une monarchie, qui s'était précédemment perdue dans les voies de l'arbitraire ; ce peuple, frappé par les mains des hauts dignitaires de l'Etat, et non par le roi qui ne voulait que le respect de la loi, ce peuple, fier de sa dignité et honteux de son abaissement, fit tomber sa colère sur les innocents et laissa échapper les coupables. Mais pourquoi les choses arrivèrent elles ainsi ? parce qu'un chef d'Etat qui ne peut tout voir, tout savoir et tout prévoir par lui-même, assume sur lui toutes les fautes de ses conseillers ; de sorte que, si ces mêmes conseillers songent plus à eux-mêmes qu'aux intérêts de celui qui ne les consulte que pour mieux répondre aux besoins du peuple, les conséquences de leur égoïsme, et de leur funeste orgueil retombent sur le souverain.

Ce sont donc les agents de son gouvernement qui, avec leur courte vue, lui montrent les nécessités du peuple qu'il gouverne, c'est là un faux mirage que Votre Majesté a voulu détruire en autorisant la liberté de la Presse. Mais l'ambition domine les publicistes comme les autres hommes, de sorte que, si tous disent vouloir se dévouer aux besoins, aux nécessités et aux aspirations du peuple, presque tous ne songent en réalité qu'à faire prédominer leurs pensées et leurs passions. La presse libre, ainsi comprise, devient un élément hétérogène dans la nation, elle n'est plus l'écho qui reporte jusqu'aux marches du trône les besoins du peuple ; elle est une arène, une tribune du haut de laquelle chacun dit son mot sans vouloir en démordre ; elle est une tour de Babel, et, par suite, la confusion des idées, la source de toutes les désorganisations sociales. On ne veut pas entendre ce langage, la liberté de la presse est un grand bienfait, dit-on, et c'est vérité, mais à la condition que le journaliste qui expose ses principes politiques ne sera pas le despote de la pensée de ses abonnés. Un journal doit défendre le peuple et non ses intérêts privés ; il doit être l'expression vraie des aspirations de ses lecteurs, et non-seulement des siennes propres ; il doit soutenir les intérêts du peuple, et non ceux d'un parti ; il doit se faire l'écho des volontés nationales, et non celui de ses volontés personnelles ; il doit vouloir se soumettre sincèrement à la majorité, et non chercher à la diviser. Si un journaliste croit avoir plus de science et plus d'esprit que la nation même, s'il prétend ainsi faire prédominer ses pensées et diriger implicitement les destinées du peuple, permettra-t-il jamais que ses abonnés le critiquent dans son journal comme il critique lui-même les actes fondamentaux du gouvernement dans le gouvernement ? Non, il préfère les perdre, et demeurer maître de l'intelligence de ceux qui continuent à le lire ; il repousse avec dédain les objections qu'on veut lui faire ; il jette au panier ce qui lui déplait ; il est omnipotent et gouverne ses lecteurs selon sa volonté suprême, or, ce n'est pas là la liberté de la presse, c'est le despotisme de la pensée.

Un gouvernement qui veut réellement être le serviteur du peuple qu'il gouverne, doit, selon moi, n'aspirer qu'à la réalisation de tout ce qui peut lui procurer du bien-être : impôts réduits autant que possible ; accessibilité pour tous à toutes les fonctions administratives ; justice égale pour tous les citoyens ; réduction du salaire des hauts fonctionnaires et augmentation du salaire des petits employés ;

une armée disciplinée et réduite au nécessaire pour maintenir l'ordre et réprimer vigoureusement ceux qui voudraient le troubler ; la liberté absolue de conscience, et,| par suite, la liberté absolue des cultes ; la liberté de la presse subordonnée au simple devoir du citoyen désireux de reproduire la lumière du peuple, et non pour porter les citoyens à la haine et au mépris des actes du gouvernement ; car tout homme intelligent doit comprendre que le chef de l'Etat a nécessairement pour but d'accomplir fidèlement son mandat et de se faire bénir par ses sujets, en veillant avec sollicitude à tous leurs besoins et à tous leurs intérêts. C'est là la force, c'est là l'arc-boutant de son autorité, c'est là la puissance invincible qui affermit à jamais sa dynastie.

Si, comme Jean Bart poussant du coude et de la main les courtisans qui entouraient le Roi, l'homme du peuple pouvait venir déposer respectueusement ses griefs ou ses besoins aux pieds de Votre Majesté, ce peuple ne la considérerait-il pas comme un père ? Oui, Votre Majesté le sait, elle l'a senti, elle l'a compris, elle en a donné maintes fois la preuve, mais il lui serait impossible de répondre à tous les désirs. Ce que Votre Majesté ne peut faire par elle-même, elle a voulu que ses fonctionnaires le fissent en son nom, je sollicite donc auprès d'elle la permission de lui dire à ce sujet ma pensée en toute franchise.

V

Ce que doivent être les fonctionnaires d'un Gouvernement

Les fonctionnaires n'étant que les rouages par lesquels le gouvernement fait respecter la loi et veille aux intérêts des citoyens, doivent être, non comme on le pense communément, les instruments passifs des volontés supérieures, non encore les échos et les exécuteurs de leurs propres caprices, mais seulement les instruments et les exécuteurs de la loi, les échos des besoins et des intérêts du peuple. Ils doivent être pour moi des flambeaux qui font la lumière au chef de l'Etat, des réflecteurs fidèles qui projettent jusqu'au pied du trône les aspirations légitimes de la nation.

Un fonctionnaire consciencieux ne doit songer qu'à accomplir fidèlement son devoir en vue des intérêts généraux, et en opérant ainsi il sert véritablement le trône; car il fait alors aimer le monarque, il affermit l'autorité et détruit tout prétexte d'opposition systématique. Mais si, soumis à des supérieurs qui ne peuvent voir comme lui les besoins du peuple, soit parce que leurs fonctions élevées ne leur permettent point d'entrer dans tous les détails qu'ils comportent, soit parce que la distance qui les sépare du lieu où réside ce fonctionnaire ne peut leur permettre de voir par eux-mêmes tout ce qui se passe dans cette localité, soit encore parce que les rapports qu'on leur fait sont, ou infidèles, ou peu étudiés, ou insaisissables, ce qui conduit naturellement à des ordres contraires aux besoins qu'ils voudraient pouvoir satisfaire; ce fonctionnaire n'est plus qu'une machine vivante qui n'aspire qu'à une seule chose: arriver le plus promptement possible au grade le plus élevé et le plus lucratif, obtenir les honneurs et les distinctions qu'il attend comme récompense due à son zèle, à son obéissance passive, à son activité et à son dévouement. Alors les intérêts généraux ne sont plus sa préoccupation constante, ils deviennent pour lui un hors-d'œuvre dont il fait bon marché, et de là la désaffection des peuples pour le souverain qui, n'étant nullement la cause de ces faits regrettables qu'il ignore toujours, n'en subit pas moins les conséquences funestes.

Si le fonctionnaire public était l'écho vrai, l'écho sincère, l'écho dévoué des besoins et des intérêts du peuple; si, pour mieux éclairer votre Majesté, il daignait entrer dans tous les détails par lui-même, ou par des agents placés sous sa main comme les ministres sont sous celle du souverain, il est incontestable que tous les besoins étant ainsi exprimés en haut lieu recevraient les satisfactions légitimes qu'ils demandent ; car un chef d'Etat n'a et ne peut avoir d'autres aspirations que celles qui l'élèvent dans l'esprit et dans le cœur de ses sujets, et qui, le faisant bénir comme un père, immortalisent son nom dans l'histoire. C'est là la grande œuvre que votre Majesté veut accomplir; elle y arrivera.

De tout temps on a attaché une grande importance aux corps délibérants et on a dit qu'ils étaient les gardiens naturels de la constitution, des lois, des libertés nationales, de la propriété et de la religion ; mais je crois que c'est le contraire qu'il faut dire. L'histoire ne nous enseigne-t-elle pas en effet que les corps délibérants ont toujours été le foyer d'où sortent les révolutions ? qui a plus d'intérêt que le chef de l'Etat à sauvegarder la constitution ; les lois, les libertés nationales, la propriété et la religion qu'il a acceptés en recevant la couronne? C'est, à mon avis, une singulière méprise que celle qui veut qu'un souverain puisse vouloir se constituer lui-même le bourreau de sa couronne: car, la force qu'il dirige, la puissance qu'il gouverne, les richesses qu'il manipule, ne sont-elles pas

dans les mains du peuple même qui les lui donne pour
en faire un utile usage dans ses intérêts? Un chef
d'Etat a donc le plus grand intérêt à ce que la justice soit
la règle de son gouvernement; il a intérêt à ce que le
peuple puisse librement exprimer ses pensées auprès de
l'autorité; il a intérêt à ce que l'ordre public soit mainte-
nu et à ce que la nation ne puisse être dévorée par ces
commotions violentes qui l'abrutissent, qui l'asservissent,
qui la ruinent et qui la tuent au moral et au physique; il
a intérêt à ce que chacun soit content et satisfait de son
gouvernement, de son administration, de sa gérance sociale, si je puis m'exprimer ainsi, et nul, mieux que lui,
ne sent le besoin d'accomplir aussi bien qu'il est possible à l'homme de le faire, toutes les aspirations honnêtes
et légitimes du peuple qu'il gouverne.

J'ai été grand partisan du vote universel et je l'ai ré-
clamé pendant quinze ans, mais l'application qui en a été
faite depuis 1848 m'a péremptoirement démontré que si
le vote des censitaires était toujours intéressé, celui du
peuple est aveugle en ce qui concerne les élections au corps
législatif.

Un vote doit être en effet l'expression de la pensée de
celui qui le donne; mais, dans quelque parti politique
qu'on le prenne, puisque partis il y a malgré la proclamation nationale de l'Empire, l'électeur sait-il ce qu'il fait,
ou, plutôt, dépose-t-il véritablement l'expression de ses
pensées au pied du trône? Ce serait une aberration de le
croire ainsi, les hommes politiques ne s'y méprennent
point: quelque peu d'encens dans un journal, quelques
bulles de savon dans une affiche, quelques recommanda-
tions préfectorales, suffisent pour faire un député qui re-

présente quoi? Ses vues personnelles, ses pensées personnelles, sa politique personnelle, sa religion personnelle, et
et il ne lui est jamais arrivé, dans quelque rang qu'on le
prenne, d'exprimer réellement le vœu des électeurs qui
lui ont conféré le mandat de les représenter.

Votre Majesté, qui ne peut voir ce qui se passe dans les
communes rurales, sera peut-être étonnée de m'entendre
exprimer ces pensées; mais si elle veut bien condescendre
à arrêter un instant son esprit sur le mode des élections
au corps législatif, elle verra, d'une part, des journaux
noirs, rouges, bleus, blancs, violets, tricolores, proposer
des candidatures venues on ne sait trop d'où; les chanter
sur tous les tons, les peindre sous les plus belles couleurs,
les assimiler aux plus grandes vertus patriotiques, en faire
des héros capables de renverser le monde des idées, les éta-
blir, en un seul mot, comme devant être les sauveurs de
la patrie; faisant ainsi accroire au pauvre électeur que tout
est perdu, lui qui ne demande que la paix qui fait prospé-
rer les affaires; la réduction des impôts qui diminue ses
charges; la justice qui lui assure la possession de ses propriétés; la police qui garantit ses biens des déprédations
nocturnes; l'armée qui la met à l'abri des invasions étran-
gères; l'administration qui veille à ses besoins journaliers;
la liberté qui lui permet d'exprimer ses pensées, et, d'autre part, des serviteurs zélés, assurément dévoués à Votre
Majesté, mais plus encore à leur position, qui veulent
aussi, et à tous prix, emporter la palme de la victoire élec-
torale. Mais l'Electeur ne voit dans ces luttes qu'un feu
roulant de paroles qui lui disent beaucoup de choses et
qui ne lui disent rien, et, s'il est appelé à déposer un bulletin dans l'urne, il n'y met qu'un nom chanté par tel ou

tel journal de l'opposition ou par l'administration elle-même. Or, cet électeur peut-il dire à son mandataire ; je désire ceci ou cela pour mon pays ? peut-il lui exprimer ses besoins, ses aspirations, ses intérêts qu'il sent certainement mieux qu'un journaliste ou qu'un préfet, afin que, arrivé au corps législatif, le député qui le représente puisse soutenir avec évidence et vérité des besoins qu'il ne lui est presque jamais permis d'apprécier par lui-même à leurs justes valeurs ? Non, les députés sont en grande partie des avocats habiles qui, habitués à défendre alternativement le vrai et le faux, se sont involontairement faussé le jugement, et qui, se préoccupant plus de leurs vues et de leurs pensées personnelles, sont, ou soumis comme des sourds ou audacieux comme des aveugles, mais non, assurément, la véritable expression de la nation qui les a envoyés.

Un représentant du peuple n'est élevé à cette dignité que pour exprimer au pied du trône les besoins de ses électeurs et pour y soutenir avec respect leurs intérêts ; mais s'il n'est pas appelé à connaître ces besoins et ces intérêts, comment le trône pourra-t-il savoir ce qui est véritablement utile à la nation ? Si les députés n'expriment que leurs vues personnelles au point de vue de leur politique désintéressée ou intéressée, comment le trône fera-t-il pour croire que cette politique est bien celle des électeurs ?

Les luttes oratoires du Corps législatif sont brillantes en effet, elles électrisent souvent les lecteurs du *Moniteur*, mais peut-on dire qu'elles soient toujours l'expression de la masse des électeurs qui a nommé les députés !

Cinq faits immenses sont là pour prouver que lorsque la nation est appelée à se prononcer elle-même sur les grandes questions fondamentales, elle les vide dans le sens contraire aux vues des corps délibérants : — Juillet 1830, février 1848, décembre 1848, décembre 1852, la proclamation éclatante de l'Empire, enfin, sont encore présents à l'esprit de tous les hommes pour voir que les aspirations de la nation sont toujours opposées à celles de ses représentants. Donc les députés ne représentent pas réellement les électeurs, et ils ne peuvent les représenter, parce qu'ils ne sont point soumis à un mandat impératif.

Un député, selon moi, est un fonctionnaire comme un ministre, comme un conseiller d'Etat ou comme un préfet, avec cette différence qu'il est élu par un certain nombre d'électeurs aveuglés, au lieu d'être nommé par le chef de l'Etat. Mais le souverain qui est l'expression de la volonté nationale librement exprimée par sept millions de votes, n'est-il pas plus à même de comprendre et de saisir les besoins et les intérêts du peuple qui l'a élu, qu'un député qui n'est que l'expression de douze à quinze mille électeurs, illuminés par les artifices de la presse !

La constitution de la France veut que le corps législatif vote les impôts, sanctionne les dépenses de l'Etat et édicte les lois nouvelles qui sont devenues utiles, partant de là, on a dit : « Le Corps législatif est chargé de contrôler les actes » du gouvernement. » Mais ce contrôle, puisque contrôle on veut, sur quoi doit-il reposer ?

Le Corps législatif peut-il, *a volo*, changer la constitution que la nation a imposée au souverain ? Non. S'il ne peut ni modifier la constitution, ni changer le chef de l'Etat, à quoi se réduit ce contrôle ? A vérifier les budgets éteints et à constater que les impôts votés ont bien reçu les affectations pour lesquelles le gouvernement les avait demandés à la nation. Le contrôle du Corps législatif n'est donc, en définitive, qu'une simple formalité donnant à la nation l'assurance que le gouvernement veille avec sollicitude à ses besoins et à ses intérêts, et, par cela même, il devrait être le lien naturel entre le peuple et le souverain, et non une arène dans laquelle la constitution, les lois de l'Etat et les volontés nationales exprimées, sont constamment mises en jeu sous divers prétextes qui masquent trop souvent la vérité et toujours le but qu'on voudrait pouvoir atteindre.

Je supplie Votre Majesté de me pardonner cette disgression sur l'assemblée législative, dont je n'aurais certainement pas parlé ici, si les erreurs dans lesquelles nous sommes tous au sujet de sa mission ne m'avaient entraîné comme malgré moi, et je lui demande respectueusement la permission de reprendre mon thème sur les fonctionnaires de son gouvernement.

Un fonctionnaire, ai-je dit, se doit aux intérêts généraux et non exclusivement aux volontés de ses supérieurs, et il ne peut arriver à se rendre efficacement utile à la nation et au souverain que s'il est juste, intègre, impartial, honnête, franc, sincère, vrai en toutes choses, dévoué à son pays et au chef de l'Etat, humble de cœur et craignant Dieu ; car, le plus souvent, ce n'est pas lui qui juge, mais les supérieurs sous les ordres desquels il est placé. Un fonctionnaire n'est donc qu'un témoin assermenté qui est appelé à dire la vérité, et rien que la vérité, aux pieds du souverain qui, ne pouvant tout voir, tout savoir et tout prévoir par lui-même, ne peut juger, décider, ordonner, décréter, récompenser et punir qu'en vertu des rapports qui lui sont faits. De cette manière, le fonctionnaire sert le chef de l'Etat, il le met à même de rendre toujours équitable justice, et lorsque la justice préside aux actes d'un gouvernement, il devient réellement le représentant de Dieu qui est la justice même.

L'affection des peuples n'est acquise aux souverains que si la justice la plus absolue préside à tous leurs actes ; et comme la justice ne peut s'exercer les yeux bandés, qu'elle doit au contraire tout voir, tout savoir et tout prévoir pour être véritablement juste ; la connaissance des faits qui motivent ses décisions ne pouvant arriver à ceux qui l'appliquent au nom du chef de l'Etat que par le canal des fonctionnaires leurs subordonnés, ce sont ces mêmes fonctionnaires qui, par leurs procédés, font aimer ou haïr le souverain. Or, quiconque opère de manière à faire accuser d'injustice, d'illégalité ou d'arbitraire les actes du chef de l'Etat sur qui retombent les fautes des agents qu'il emploie, se constitue ignominieusement l'ennemi de la nation et du monarque et ne peut être béni ni du souverain ni de Dieu.

Mais, comment découvrir ces vers rongeurs, s'il en est dans le gouvernement de Votre Majesté ? par la publicité vraie et incontestable des faits qui portent atteinte aux intérêts des sujets, ou à leur liberté, ou à leur propriété, ou à leur honorabilité ; car ce n'est certes pas le fonctionnaire prévaricateur qui viendra de lui-même confesser sa faute aux pieds du souverain, avant, pendant, ou après les actes qui, en vertu des renseignements qu'il lui donne, peuvent ruiner, déconsidérer ou seulement désaffectionner un seul sujet.

La liberté de la presse, considérée sous ce point de vue, est donc un bien pour le gouvernement, elle lui est utile, elle lui est indispensable, parce qu'elle fait connaître au chef de l'Etat et aux fonctionnaires les plus élevés qui exercent la justice en son nom, les prévarications des agents infidèles, ou ignorants, ou aveugles, ou orgueilleux, ou insouciants ; et que, ainsi prévenus par la narration véridique des faits, ces agents étant sévèrement punis au nom du souverain après constatation exacte et rigoureuse de ses actes prévaricateurs, le gouvernement puisse gagner en affection d'une part, et en agents fidèles de l'autre.

Ce sont ces pensées générales, Sire, qui m'encouragent à déposer aux pieds de Votre Majesté les griefs que MM. Bernard et Julienne, tous deux propriétaires à Alger, croient devoir porter à sa connaissance afin d'obtenir d'elle cette justice rigoureuse que ses agents de l'Algérie leur refusent obstinément. Amis de l'Empire, dévoués à Votre Majesté, ils ont une confiance illimitée dans sa paternelle sollicitude et veulent, en obtenant de sa main puissante la juste réparation qui leur est due, faire bénir son grand nom dans un pays où le militarisme semble prendre à tâche de se faire maudire par les colons et par les indigènes. Je supplie donc Votre Majesté de jeter un regard scrutateur sur les faits qui motivent ce mémoire ; nous sommes tous convaincus que, de la magnanimité de l'Empereur, surgira un grand bien pour l'Afrique française.

VI

Question de Principe

Votre Majesté a voulu que, lorsque l'intérêt public l'exigeait, tout propriétaire du sol pût être exproprié de tout ou de partie de ses propriétés devenues utiles pour les besoins de l'Etat, et elle a fait une œuvre vraiment juste et équitable, car quelques propriétaires ne peuvent ni ne doivent être un obstacle à l'accomplissement des améliorations profitables à tous les citoyens.

En France, une loi d'expropriation détermine les règles à suivre en pareils cas, et si le propriétaire ne consent pas à se laisser exproprier pour le prix que l'administration lui offre, Votre Majesté a voulu qu'il pût avoir la faculté de soutenir ses intérêts et de faire valoir devant un Jury composé d'hommes compétents, les causes pour lesquelles il se refuse à céder son bien pour la somme qui lui est offerte. Alors ce jury entend le ministère public, puis le défenseur de l'exproprié, et juge en âme et conscience ce qui doit être définitivement alloué en échange de la propriété privée qui fait besoin aux intérêts publics.

En Algérie, les choses ne sont point ainsi; ce beau pays, étant régi par des lois exceptionnelles, ne possède ni loi d'expropriation, ni jury pouvant juger si les fonctionnaires de l'Etat offrent aux expropriés la valeur réelle de leur propriété: Son Excellence Monsieur le Maréchal Gouverneur Général arrête l'expropriation pour cause d'utilité publique, l'administration fait immédiatement exécuter son arrêt, et, s'emparant de la propriété ainsi mise en interdit, elle offre ce qu'il lui plaît, c'est-à-dire, ce qui pourra le mieux la faire ressortir, selon elle, aux yeux du chef de l'Etat. Si le propriétaire exproprié proteste, on ne l'écoute point; s'il s'adresse à Son Excellence Monsieur le Maréchal Gouverneur Général de l'Algérie, sa pétition passe immédiatement entre les mains de Monsieur le Préfet qui la remet aussitôt au chef de bureau chargé de ce service, lequel l'enferme dans un carton d'où elle ne sort plus si cela lui plaît; si ce propriétaire ainsi spolié

s'adresse à Votre Majesté par une, deux, trois et quatre
respectueuses suppliques, elles sont aussitôt adressées à
Son Excellence Monsieur le Maréchal Gouverneur Général,
qui les fait parvenir à Monsieur le Préfet, lequel les remet
au même chef de bureau qui les cloue dans le même
carton d'oubli. Alors, que reste-t-il à faire à ce pauvre
citoyen français à qui on demande son avoir et sa fortune
pour cause d'utilité publique, tandis que ces mêmes
causes d'utilité publique enrichissent d'autres citoyens ses
voisins? Il ne peut qu'avoir recours aux tribunaux pour
plaider contre toutes les forces vitales de la société, et faire
un procès interminable et ruineux. Voilà, selon moi, de
l'arbitraire; car, pourquoi un citoyen français qui s'est
expatrié pour aider au développement de notre plus belle
colonie, verrait-il son droit légal méconnu en Afrique
tandis que la loi veut qu'il soit respecté en France? Votre
Majesté a compris depuis longtemps déjà l'importance d
cette question, elle est allée plus loin encore dans la
mémorable lettre qu'elle a écrite sur l'Algérie, et qui a
fait simultanément bénir son nom par les Arabes et par les
colons; elle ne veut donc pas que l'arbitraire puisse régir
ses peuples, elle ne veut pas ruiner de pauvres propriétaires
pour que ses agents les plus inférieurs puissent se glorifier
d'une économie ignominieuse, elle ne veut pas qu'on
arrache des larmes de douleur aux bons citoyens qui
attendent d'elle la justice; non, elle est trop juste et trop
magnanime pour permettre que de telles énormités puissent se perpétrer en son nom, surtout, lorsqu'il s'agit de
lui ériger une résidence impériale; non, Votre Majesté ne
veut pas d'un palais qui serait bâti sur un sol impayé, elle
ne l'acceptera pas, elle le refusera avec sévérité, elle ne

voudra pas habiter sur la ruine d'un seul colon et dira avec autorité à ses agents de l'Algérie : payez le sol à sa juste valeur, si vous ne voulez que je le paie.

Lorsque l'Etat veut exproprier diverses propriétés pour cause d'utilité publique, il doit, ce me semble, envisager une chose fort importante, selon moi, qui est une haute question d'impartiale justice. Cette question, je la résume ainsi : un propriétaire doit-il être avantagé par l'Etat, lorsque son voisin sera ruiné pour la même cause d'utilité publique ? Je supplie Votre Majesté de me permettre quelques développements à cette pensée qui a été incomprise jusqu'à ce jour.

Lorsque l'Etat veut apporter une amélioration quelconque dans une ville, il fait son plan, il arrête ses combinaisons, il prévoit les difficultés à vaincre, il calcule ses ressources financières, puis il dit : le terrain valant, je suppose, cinq cents francs le mètre carré, cette amélioration me coûtera tant. Partant de là, il offre cinq cents francs par mètre carré à tous les propriétaires indistinctement, et si quelques-uns d'entr'eux refusent ses offres, il soutient sa proposition devant un jury d'expropriation.

Tout cela est légal, tout cela est juste, mais si, sur dix à douze propriétaires ainsi expropriés, deux ou trois sont obligés de céder la totalité de leurs propriétés, tandis qu'on ne prend aux autres qu'un tiers, ou un quart, ou un cinquième des leurs, est-il juste de ne donner aux premiers que ce qui est alloué aux derniers ? il est certain que le propriétaire à qui on n'a pris que le tiers, le quart ou le cinquième de sa propriété jouira d'une plus-value que cette propriété acquerra par les améliorations que l'Etat croit devoir apporter dans son quartier, tandis que celui qui a été exproprié de la totalité ne reçoit que la valeur estimée de la sienne.

C'est là, dira-t-on, un fait d'équité, et je ne puis dire que ce ne soit légal, mais n'est-il pas vrai de dire aussi que, si les uns reçoivent le prix de leur propriété, les autres sont richement dotés d'une plus-value considérable? la chance et le hasard, ce me semble, ne doivent jamais présider aux actes d'un gouvernement, si cela devait être, le propriétaire à qui on prend la totalité serait en droit de dire : mes voisins ont été privilégiés par l'Etat ; car, si son tracé avait passé par ici, au lieu de passer par là, je n'aurais perdu que le tiers, le quart ou le cinquième de ma propriété, et le surplus aurait acquis une valeur décuple.

Je crois, Sire, que cette question de haute justice mérite toute l'attention de Votre Majesté toujours vigilante et toujours prête à rendre une équitable justice à chacun, et je ne doute pas qu'elle n'entre en sérieuse considération dans son esprit magnanime.

VII

Exposé des Faits principaux

Messieurs Julienne et Bernard sont propriétaires de deux lots de terrains séparés l'un de l'autre par un immeuble domanial sis en contre-bas de la place Bresson, aujourd'hui place Napoléon. Cette position que l'administration de l'Algérie a choisie pour ériger à Votre Majesté une résidence Impériale, est évidemment une des plus belles et des plus recherchées à Alger.

Ces deux lots, que l'on désigne par grand et petit terrain, ont une contenance totale de 634 mètres 53 décimètres carrés, savoir : 378 mètres 25 décimètres pour le grand terrain, et 256 mètres 30 décimètres pour le petit. Ils furent achetés par monsieur Julienne de monsieur Bischoff de St-Alban, suivant acte de maître Porcellaga, notaire à Alger, en date du 5 septembre 1861.

Monsieur Julienne, voulant bâtir sur ces deux lots de terrains, sollicite le 22 mars 1862 un alignement qui lui est formellement refusé par monsieur le Préfet d'Alger le 3 avril suivant, parce que, dit ce haut fonctionnaire, *les terrains dont il s'agit doivent être expropriés pour cause d'utilité publique.* Voilà donc un interdit, monsieur Julienne ne peut rien faire de sa propriété, il doit la laisser improductive et payer les intérêts du capital qu'il y a affecté, et ne possède plus qu'un seul droit, celui d'attendre le bon plaisir de monsieur le Préfet.

Mais, en vertu de quel décret ou de quel arrêt monsieur le Préfet de la province d'Alger se refuse-t-il à donner à monsieur Julienne l'alignement qu'il sollicite pour bâtir dans sa propriété? ce décret, ou cet arrêt existe-t-il? non, Sire, ce n'était qu'un projet. Et parce que monsieur le Préfet d'Alger projette l'expropriation des terrains de monsieur Julienne pour cause d'utilité publique, projet qui n'était point encore arrivé à maturité et qui pouvait bien ne pas arriver à éclosion, possède-t-il le droit de frapper de main morte ses propriétés sans lui garantir la juste réparation du dommage que cet interdit lui porte? Votre Majesté ne peut vouloir l'admettre, ses sentiments de justice sont trop dignes et trop élevés pour permettre un tel abus de l'autorité qu'elle n'a confiée à monsieur le Préfet d'Alger que pour faire respecter la loi et bénir le Souverain au nom duquel il opère.

Monsieur Julienne n'obtenant pas l'alignement demandé, et ne sachant trop pourquoi on se proposait d'exproprier sa propriété, puisque rien encore n'avait percé au jour et que, ni plans, ni enquête, ni publication des causes d'expropriation n'avaient été affichés, ne pouvant par conséquent savoir si l'administration lui prendrait la totalité, ou seulement une partie de ses terrains, consentit à vendre à Monsieur Bernard la moitié de ces mêmes terrains moyennant la somme de *cinquante-deux mille cinq cents francs*, suivant acte de maître Didier, notaire à Alger, en date du 15 octobre 1863.

Ainsi, du 3 avril 1862 au 15 octobre 1863, dix-huit mois se sont écoulés sans que Monsieur Julienne ait pu obtenir la juste satisfaction qui lui était due; ce n'est que le 5 avril 1865, trois ans après le refus donné par Monsieur le Préfet à Monsieur Julienne, que Son Excellence Monsieur le Maréchal Gouverneur Général de l'Algérie, prononce l'arrêt d'expropriation des terrains appartenant à Messieurs Julienne et Bernard.

L'expropriation ainsi arrêtée définitivement, il ne s'agissait plus pour Messieurs Julienne et Bernard que d'accepter les offres de l'administration, ou de lui opposer leurs dires et prétentions, si ces offres ne leur paraissaient point suffisantes. C'est là un droit acquis à tout citoyen français, le gouvernement de l'Algérie ne devait certainement pas se départir des principes de justice, que la nation mère veut chez elle, et que Votre Majesté, toujours soucieuse des intérêts de ses sujets, y fait exercer avec la plus immense impartialité.

Votre Majesté a vu plus haut que la surface totale des terrains expropriés est de 634 m. 53 déc. carrés, et que

Monsieur Bernard a acheté la moitié de cette propriété, soit 317 m. 26,50 c., pour la somme de *cinquante-deux mille cinq cents francs*, elle sera donc étonnée d'apprendre que Monsieur le Préfet d'Alger n'offre aux propriétaires expropriés qu'une somme de *cinquante-trois mille francs*, pour 530 mètres carrés.

Je ne ferai pas passer sous les yeux de Votre Majesté, les causes qui motivent une si grande différence entre la surface accusée par les propriétaires, et celle dénoncée par Monsieur le Préfet; car toutes les discussions auxquelles elle a donné lieu sont fatigantes. Mais il est constant que l'administration exproprie la totalité des terrains appartenant à Messieurs Julienne et Bernard, et que la surface soit de 634 m., ou de 530 mètres carrés, la question n'en pourra pas moins être résolue avec justice et impartialité.

En effet, si, au mois d'octobre 1863, monsieur Bernard achète par acte public la moitié des terrains de monsieur Julienne pour la somme de *cinquante-deux mille cinq cents francs*, il est certain que la propriété toute entière vaut *cent cinq mille francs*, non compris les charges. Partant de là, Votre Majesté verra que si la surface est de 634 mètres carrés, la valeur du mètre sera égale au quotient de cette division $\frac{105000}{634} = 167$ francs; tandis que si, cette surface n'est que de 530 mètres carrés, la valeur du mètre sera exprimée par $\frac{105000}{530} = 198$ francs.

Mais Votre Majesté ne peut vouloir faire offrir à messieurs Julienne et Bernard le prix que leur coûtent les terrains expropriés, elle voudra qu'on y ajoute les charges qui en ont augmenté la valeur; elle voudra aussi qu'on leur tienne compte des intérêts de leur capital, puisque la propriété a été frappée de main morte à dater du 3 avril 1862; elle voudra encore y ajouter une gracieuse rémunération équivalant à une partie de la valeur oue cette propriété aurait acquise à une époque relativement rapprochée, et que je ne porte pas en ligne de compte. Je ne lui paraîtrai donc pas exagéré en portant la valeur de ces deux lots de terrains à 120,000 francs y compris les charges ci. 120,000 fr.

Si l'on ajoute ensuite à cette somme les intérêts composés dus aux propriétaires, à partir du 3 avril 1862, jusqu'à ce jour, soit les intérêts de sept années, à raison de dix pour cent l'an, qui est le taux légal en Algérie, ci........ .... 113.846 fr.

La valeur totale de ces deux lots serait de 233.846 fr. D'où la valeur du mètre carré arrive à $\frac{233.846}{530} =$ .... 441 fr. 22

Votre Majesté voit par là que si Monsieur le Préfet de la province d'Alger n'offre à Messieurs Julienne et Bernard, que la somme de *cinquante-trois mille francs*, soit cent francs du mètre, son évaluation est de beaucoup au-dessous du prix de revient, et que, ne tenant aucun compte des pertes que ces propriétaires ont éprouvées par l'interdit qui frappait leur propriété, il occasionne inévitablement leur ruine pour offrir en hommage à Votre Majesté une résidence impériale.

Les faits se résument donc à ceci, et Votre Majesté en sera navrée : Monsieur Bernard achète pour *cinquante-deux mille cinq cents francs*, la moitié des terrains de Monsieur Julienne qui, avec les charges, vont *à cinquante-*

six mille francs au moins ; il est obligé d'attendre qu'il plaise à Monsieur le Préfet de se déterminer définitivement, soit en enlevant l'interdit dont il avait frappé cette propriété, soit en l'expropriant régulièrement ; son capital dort pendant quatre ans sans lui produire un centime ; puis, Monsieur le Préfet arrive avec un arrêt d'expropriation pour cause d'utilité publique et dit : « Je vous offre *cinquante-trois mille francs* de la totalité, c'est-à-dire, *vingt-six mille cinq cents francs*, de ce qui vous a coûté *cinquante-six mille francs et plus*. Est-ce là de la justice ? Ah ! j'en suis convaincu, et mon cœur ne me trompe point, Votre Majesté est indignée de ce procédé et ne permettra jamais que des actes de cette nature puissent se perpétrer en son nom dans son gouvernement.

VIII

Ce que vaut la Propriété expropriée

L'insuffisance de l'offre administrative a dû nécessairement porter les propriétaires à s'insurger contre cet acte attentatoire à leurs intérêts, et ils ont eu recours à la loi pour soutenir leurs droits de propriétaires ; ils y étaient d'autant plus autorisés que la commune d'Alger avait déjà mis la main à l'œuvre et remblayait les sus-dits terrains comme pour faire disparaître les traces de leur possession légitime par messieurs Julienne et Bernard : les palissades sont arrachées, les clôtures disparaissent, tout s'en va, jusqu'aux murs de fondation, avant constatation exacte de la surface réelle ; de sorte que la propriété toute entière se fut fondue dans les déblais ou devenue complètement inapréciable si, par exploit de Serain, huissier, en date du 31 mai 1865, les propriétaires n'avaient fait assigner en référé monsieur le Préfet et monsieur le Maire d'Alger, aux fins de nommer d'office un expert chargé de constater les lieux et d'en dresser le plan.

Ainsi surpris dans leurs intérêts, messieurs Julienne et Bernard qui ne voulaient nullement soutenir un procès ruineux contre l'Etat, ni contre la commune d'Alger; désirant, autant que les administrateurs eux-mêmes qu'une résidence impériale fût édifiée à Alger, et espérant ainsi avoir le bonheur de posséder de temps à autre Votre Majesté dans les murs de leur cité, offrirent à monsieur le Préfet d'échanger leurs terrains expropriés contre d'autres terrains appartenant à l'Etat dans la même zône, et d'accepter l'échange façade pour façade et mètre pour mètre. Mais cette offre qui conciliait tous les intérêts fût hautement repoussée, et il leur fût répondu : *que cet échange était impossible, parce que les terrains disponibles avaient été promis à Sir Morton Peeto.*

Votre Majesté, j'en suis convaincu, ne m'en voudra pas si je prends la liberté de lui demander une sérieuse réflexion sur cette conduite spéculative des agents de son gouvernement en Algérie; car, si monsieur le Préfet refuse l'échange que demandent messieurs Julienne et Bernard, faut-il dire que ce refus tient exclusivement au désir d'accomplir fidèlement une promesse? non, Sire, il a voulu vendre les terrains de l'Etat qui sont contigus à ceux des expropriés au prix de *quatre cents francs* le mètre, en accordant à l'acquéreur privilégié, puisque cette vente n'avait pas lieu par voie d'adjudication publique, tous les avantages d'une spéculation qui décuplait la valeur des mêmes terrains après l'édification du palais impérial, tandis que le sol même snr lequel ce palais doit être bâti ne lui coûterait que cent francs le mètre. De semblables spéculations administratives font frémir, et, j'en suis convaincu, si votre Majesté habitait le palais que la ville d'Alger se propose de lui offrir en hommage à ce prix, elle craindrait que le sol ne s'ébranla sous ses pieds.

Quoi ! Monsieur le Préfet de la province d'Alger, et j'ose vous le dire avec respect au pied des marches du Trône, vous achetez cent francs le mètre un terrain auquel vous ne laissez aucune espérance d'avenir, et vous vendez un terrain contigu, *trois ou quatre fois ce prix* par mètre, en procurant à l'acquéreur privilégié une plus-value considérable par vos travaux projetés ? Mais c'est là de l'iniquité, je ne crains pas de le dire à Sa Majesté l'Empereur des Français, et si je me permets ce langage, c'est que je crois que l'Empereur ne demande qu'à connaître la vérité qui fait sa force, sa puissance et sa magnanimité.

Les propriétaires des terrains expropriés, ne sachant que faire en présence d'un arbitraire sans précédents qui ne détruisait pas seulement leurs espérances mais qui les ruinait à fond, en appelèrent au tribunal civil qui nomma trois experts ; Monsieur Bransoulié, maître de dessin à l'École Communale, Monsieur Vampère, professeur de sixième au Lycée Impérial, et Monsieur Leblanc de Prébois, propriétaire à Alger, officier supérieur d'État-major en retraite et ancien représentant du peuple à l'assemblée constituante de 1848. Voilà donc que, pour apprécier la valeur d'une propriété, le tribunal civil donne sa confiance à un maître de dessin, et à un professeur du Lycée, qui savent ce que c'est que la propriété, à peu près comme je sais ce que c'est que d'être Pape, et qui doivent néanmoins l'éclairer sur la question en litige. Sans doute, je dois croire qu'il pensait que les raisonnements et les lumières de monsieur Leblanc de Prébois prédomineraient ; on doit le supposer ainsi, puisque, propriétaire, ancien officier supérieur d'Etat-Major et ancien député, il avait certainement sur ses collègues cette autorité intellectuelle et cette hauteur de vue que donnent l'âge, la profession et les distinctions honorifiques, mais c'était une faute, et une faute grave, car si la justice a besoin de lumières pour se prononcer, elle ne doit les demander qu'à des hommes spéciaux et indépendants, et non à une réunion d'opinions hétérogènes d'où ne peut sortir que le chaos.

Cette faute a été un véritable désastre pour messieurs Julienne et Bernard, elle est la source de procès interminables et la cause de leur ruine ; car les deux professeurs estiment que :

Le grand terrain n'a que 296 m. 80 déc. carrés, qu'ils évaluent à raison de 120 fr. l'un, ci . . 35.516 fr.   »

Le petit terrain n'a que 202 m. 00 déc. carrés, qu'ils évaluent à raison de 80 fr. l'un, ci . . . . 16.160 fr.   »

————————

Total 498 m. 80 déc., au prix de 51.676 fr.   »

————————

Voilà donc des experts inexpérimentés, aveugles et ignorants qui conduisent un tribunal de l'Empire, à n'allouer aux propriétaires expropriés qu'une somme de *cinquante-un mille six cent soixante-seize francs*, en échange d'une propriété qui coûte plus de *deux cent trente-trois mille huit cent quarante-six francs*. Si c'est là de la justice, Votre Majesté dira hautement : non, et la France entière criera : Vive l'Empereur.

« Votre zèle me tue, » dit le prophète, comme lui, j'ose dire à Votre Majesté que le zèle aveugle des deux professeurs la tue en Algérie. Mais monsieur Leblanc de Prébois qui, par ses fonctions honorables d'officier supérieur d'Etat-Major, doit nécessairement inspirer plus de confiance à Votre Majesté, s'est bien gardé de s'associer àux vues des collègues que le tribunal lui avait donnés, il a fait honorablement scission avec eux et a déposé au greffe un rapport dont les appréciations sont bien différentes ; Votre Majesté en jugera et verra par les chiffres qu'il donne, si les deux professeurs sont plus dignes de foi qu'un ancien officier supérieur d'Etat-Major.

Quant à la surface, et certes on ne peut dire qu'un ancien officier de l'Etat-Major puisse faire une erreur aussi grossière il soutient que celle du grand terrain est de.......................... 378 m. 23 déc.

Celle du petit terrain, de........ 256 m. 30 déc.

En somme..... 634 m. 53 déc.

Les deux experts professeurs ayant trouvé....................... 498 m. 80 déc.

La différence est de..... 135 m. 73 déc.

Par évaluation comparée aux terrains contigü dit cet ancien et honorable officier de l'armée française, le grand terrain vaut 425 francs le mètre carré et comme sa surface est de 378 m. 23 déc. sa valeur totale est de..................... 160.747 fr. 75 c.

A reporter..... 160.747 fr. 75 c.

Report..... 160.747 fr. 75 c.

Le petit terrain n'étant pas aussi
bien placé, il n'en estime la valeur
qu'à raison de 275 fr. le mètre,
soit, pour 256 m.30 déc.......   70.482 fr. 25 c.

Valeur   totale   d'après   M.
Leblanc de Prébois.......... 234.230 fr.   »
De semblables faits sont nés pour faire rougir Votre Majesté des agents de son gouvernement en Algérie, il fallait donc la mettre à même de connaître la vérité, et mon dévouement pour son auguste personne, plus que l'intérêt de mes commettants, m'en a fait un devoir impérieux.

IX

Incidents comparatifs

Si Votre Majesté pouvait voir toutes les pièces du litige, elle serait édifiée sur bien des faits de son administration algérienne ; mais il serait inconvenant de lui demander cette insigne faveur, car elle ne peut ni ne doit s'adonner à l'étude de questions de détails qui absorberaient ses moments si précieux pour l'ensemble des intérêts nationaux qu'elle soutient avec autant de fermeté et de vigueur que de sollicitude et de soins paternels. Qu'elle daigne cependant me permettre encore un mot au sujet des divers incidents administratifs qui l'étonneront sans aucun doute, et qui n'en sont pas moins des vérités que Votre Majesté doit connaître, puisqu'elle est paternellement soucieuse de tout ce qui se fait en son nom.

L'Etat possédait 300 mètres de terrains contigus à ceux de messieurs Julienne et Bernard, et l'administration, jugeant qu'ils étaient inutiles, les vend à monsieur Rosetty, beau-père de monsieur Nœtinger, chef de bureau à la préfecture d'Alger, pour la somme de 7,680 francs payables en quatre annuités. L'acte administratif qui relate cette cession porte la date du 19 septembre 1852.

Monsieur Rosetty, en sa qualité d'ancien mameluk, n'ayant encore payé que quinze cents francs à compte, sollicite aux pieds de Votre Majesté une gracieuse quittance du surplus, ce qui lui fut octroyé le 18 juin 1853.

Votre Majesté a été généreuse pour un soldat de l'empereur Napoléon Ier, et c'était justice ; M. Rosetty et, surtout, M. Nœtinger, l'ont d'autant mieux bénie que, le 18 juin 1856, ils vendent la même propriété à M. Sarlin pour la somme de *quarante mille francs*. Mais, ce qu'il y a de très-étrange, c'est que la même administration qui avait consenti à céder pour 7,680 francs à monsieur Rosetty un terrain qu'elle avait jugé devoir lui être un fardeau, s'avise tout-à-coup, le 23 octobre 1856, quatre mois après la vente faite à M. Sarlin, qu'elle pourrait bien en avoir besoin à une époque future et indéterminée, et achète la même propriété de monsieur Sarlin pour la somme de quarante-cinq mille francs. Sans vouloir m'immiscer dans ces tripotages de vente et de revente, d'achat et de rachat, je ne puis ne pas constater un précédent singulier qui fera voir à Votre Majesté, 1° combien le terrain situé sur l'emplacement désigné pour l'érection d'un palais impérial, ou à proximité, avait déjà acquis de valeur en 1856 ; 2° à combien, treize ans après, doit être estimé le mètre carré de ces mêmes terrains, puisque, vendus par l'Etat en

1852 à raison de 25 francs 60 c., ils ont été rachetés par l'Etat, encore, et quatre ans après, au prix de 150 francs.

Il ne s'agissait point encore de l'érection d'un palais impérial, il n'y avait même aucun projet en l'air, cette augmentation de valeur était uniquement due à la position du terrain ; et si aujourd'hui la même propriété est promise à sir Morton Peeto pour 400 francs le mètre carré, évidemment ils ont acquis une valeur presque triple à celle affectée pour le rachat par l'Etat en 1856, et presque quinze fois celle qui avait été estimée lors de la vente faite à monsieur Rosetty en 1852.

Messieurs Julienne et Bernard, après avoir respectueusement fait observer la remarque précédente à monsieur le préfet d'Alger, lui montrent une lettre qui leur fut adressée le 4 novembre 1864 par un monsieur Vimeux, agent d'affaires, et par laquelle il leur offre *deux cent cinquante francs* par mètre carré de leurs deux lots de terrain. Cette lettre est une pièce authentique, le timbre de la poste en est l'enregistrement, et le décès de monsieur Vimeux qui eut lieu deux mois après, environ, est plus qu'une preuve d'authenticité. Or, en supposant que la surface de ces mêmes terrains ne soit que de 530 mètres carrés ainsi que l'affirme l'administration d'Alger, leur valeur était au moins estimée par monsieur Vimeux à la somme de *cent trente-deux mille cinq cents francs*, et, il faut le supposer, s'il offrait ce prix, c'est qu'il comptait certainement réaliser un bénéfice quelconque. Alors, monsieur le Préfet ose offrir la trop modeste somme de *cinquante-trois mille francs !* Mais Votre Majesté ne peut ne pas en être indignée, et nous savons, nous qui avons confiance en sa justice et en sa magnanimité, qu'elle voudra que juste réparation soit faite aux expropriés.

Le 26 mars 1866, la commune d'Alger vend aux enchères publiques deux lots de terrains situés dans la rue Randon qui, certes, sont loin d'offrir les mêmes avantages que la propriété de messieurs Julienne et Bernard dont une des façades donne vue sur la place Napoléon, l'autre sur le Boulevard de l'Impératrice, et la troisième sur la rue Impériale ; Monsieur le Maire d'Alger trouve cependant des acquéreurs au prix de 226 francs, et de 256 francs le mètre carré, les charges en sus. Ce fait est attesté par les actes publics et authentiques, donc on ne peut le contester ; et monsieur le Préfet d'Alger ose n'offrir que cent francs le mètre des terrains Julienne et Bernard, sur lesquels il propose d'ériger le palais impérial !

En 1863, alors qu'il s'agissait d'ériger la résidence impériale d'Alger, sur une étendue de 9,800 mètres carrés, dans lesquels sont compris les terrains de messieurs Julienne et Bernard, on demande de Paris à monsieur le Préfet ce que peuvent valoir ces propriétés, et il répond que leur valeur totale doit être estimée *à trois millions de francs environ,* soit 305 francs le mètre carré ; et parce que les terrains de messieurs Julienne et Bernard sont les mieux placés, ayant façade sur la place Napoléon et sur la rue Impériale, monsieur le Préfet ne leur offre que *cent francs* par mètre ! Mais si Votre Majesté se souvient que, lors de sa visite à Alger, elle répondit avec dignité au Maire de cette ville qui lui offrait dix mille mètres de terrain pour l'érection d'un palais impérial : « C'est trop,

» CE TERRAIN VAUT AU MOINS CINQ CENTS FRANCS LE MÈTRE, JE
» VOUS EN ABANDONNE LA MOITIÉ, ET VOUS ME FEREZ BATIR UN
» PALAIS DE JUSTICE DONT LA VILLE A GRAND BESOIN, » elle
verra que l'offre que monsieur le Préfet a faite à messieurs
Julienne et Bernard est plus que dérisoire.

Un fait bien attristant, et qui témoigne des malheurs de
l'un des deux propriétaires sus-nommés, est celui-ci :
monsieur Bernard est poursuivi en expropriation de ses
autres propriétés pour une somme de 88,026 fr. 76 centimes, qui, avec les frais d'instance, s'élève à celle de
92,426 fr. 76 centimes. Le tribunal d'Alger, compatis-
sant à ses malheurs, renvoie la cause et dit dans son jugement du 27 mars 1867 : « *Attendu que les époux Ber-*
» *nard, propriétaires des terrains sis à Alger, place Bres-*
» *son, ont été expropriés suivant arrêté de son Excellence*
» *monsieur le Gouverneur Général de l'Algérie; qu'il est*
» *constant qu'ils se sont pourvus contre cet arrêté devant*
» *le Conseil d'Etat. Attendu qu'une décision peut inter-*
» *venir en leur faveur* ET LES REMETTRE EN POSSESSION DES
» DITS TERRAINS, DONT LA VALEUR CONSIDÉRABLE
» LEUR PERMETTRAIT EN LES RÉALISANT, DE DÉSINTÉRES-
» SER ET AU DE LA, LES POURSUIVANTS..... »

Certes, si le tribunal d'Alger estime que la valeur de la
portion de M. Bernard peut lui permettre DE DÉSIN-
TÉRESSER ET AU DE LA, les poursuivants pour une
somme qui s'élève à près de *cent mille francs*, monsieur
le Préfet qui ne lui offre pour cette même portion *que
vingt-six mille cinq cents francs* ne ferait pas une mau-
vaise affaire. Mais Votre Majesté ne le permettra pas, j'en
suis convaincu, car je ne puis ne pas croire que ses aspi-

rations constantes sont l'accomplissement de la justice dans ses Etats.

Le jugement que je viens de relater démontre péremptoirement à Votre Majesté que si monsieur Bernard sollicite une prompte et équitable solution de cette affaire, il ne le fait avec instance que pour s'acquitter envers ses créanciers, mais monsieur le Préfet dont le zèle excessif, je puis dire même outré, voudrait ne pas être contraint de sortir de ses offres injustes et dérisoires, oblige ce pauvre à payer, non-seulement les intérêts du capital qu'il a affecté à l'achat de ces terrains, mais encore ceux qui sont dus à ses créanciers sur la somme de 92,426 francs. Cette affaire est par conséquent sa ruine, et c'est ce qui me fait dire avec confiance à Votre Majesté: que le palais impérial que la ville d'Alger se propose de lui offrir en hommage, ne reposerait que sur des fondations ébranlées par l'injustice des moyens employés dans l'expropriation du sol.

Les faits que j'ai cru devoir faire sommairement passer sous les yeux de Votre Majesté sont navrants, mais si de pareils actes peuvent se perpétrer par des fonctionnaires qui doivent toujours inspirer la plus immense confiance en la justice du Souverain qui les a commis à cet effet, comment pourra-t-on jamais espérer atteindre cette ère de paix, de concorde, d'union, d'harmonie, de bonheur et de sécurité que nous attendons tous avec confiance de l'Empereur des Français! Si la justice préside aux actes d'un gouvernement, les affections grandissent, les dévouements s'affermissent, la sécurité devient aveugle, et tous bénissent le chef de l'Etat qui la fait exercer avec une égale impartialité; mais si l'injustice vient au contraire dépouiller les

citoyens de leurs propriétés, ruiner leurs espérances, affai-
blir les sentiments de leur cœur, détruire en eux la confiance qu'ils doivent avoir au gouvernement, effacer leur
dévouement en leur arrachant des larmes de douleur, comment le chef de l'Etat ne perdrait-il pas leurs affections ?
Cependant, Votre Majesté n'est point cause de ces faits ;
elle les ignore, nul ne les porte à sa connaissance, et, pendant qu'ils se passent dans la zône inférieure de l'ordre
social en minant peu à peu les colonnes de l'Empire,
Votre Majesté vit avec confiance et sécurité en la justice de
ses agents qui allument trop souvent le volcan des révolutions.

Ce qui se passe à Alger depuis 1862, car je ne veux
pas rechercher un passé qui laisserait peut-être plus à dire
encore, est un fait unique ; je veux le croire ainsi, mais
qui dit que de semblables faits ne se perpétrent pas aussi
en d'autres localités ? Messieurs les Préfets dépendent de
Son Excellence Monsieur le Ministre de l'intérieur, et ils
lui doivent un compte fidèle de leurs actes, mais Son
Excellence peut-elle tout voir, tout savoir et tout prévoir
par elle-même ? Non, Sire, elle ne voit que ce que ses
préfets lui montrent, elle ne sait que ce qu'il leur plait de
lui dire, elle ne prévoit qu'en vertu des rapports qu'ils lui
font, de sorte que, si un préfet représente le gouvernement
de Votre Majesté, il faut dire qu'il est plus qu'omnipotent
en beaucoup de questions de détails ; car, qui le contrôle ?
qui le surveille ? qui le reprend s'il fait erreur ? qui dénonce
à Votre Majesté ses injustices et ses prévarications, s'il en
fait ? Le Conseil de préfecture ? Oui, c'est là le tribunal
chargé de contrôler les actes administratifs d'un préfet,
mais les juges ne sont-ils pas ses subordonnés ? Ah !

Votre Majesté n'ignore point tous les actes qui peuvent élever ces hauts fonctionnaires dans son Esprit Auguste, mais peut-elle connaître ceux qui se déshonorent en faisant naître la désaffection dans la cour des citoyens qu'ils oppriment?

Certainement, l'administration française est la plus digne et la plus honorable qu'on puisse rencontrer dans le monde ; mais, si elle est honnête, loyale, dévouée, intelligente, ferme à l'encontre de l'illégalité, douce et bonne en faveur des honnêtes gens, vigilante pour les intérêts de tous, paternelle pour les pauvres, peut-on dire cependant qu'il n'y ait pas une seule exception ? Or, si cette exception existe, comment la signaler à l'attention de Votre Majesté, s'il n'est point permis aux citoyens de la lui révéler publiquement.

C'est l'ignorance du chef de l'Etat sur de semblables faits qui a toujours fait crouler les Empires, ce ne sont point les Souverains qui sont coupables de prévarication et d'injustice, eux qui sont toujours attachés aux intérêts du peuple comme les sentiments paternels tiennent un père attaché à ses enfants. Mais, s'il est un enfant rebelle dans cette grande famille française, le père de famille ne doit-il pas le connaître pour en faire prompte justice? C'est là, selon moi, ce qui grandit les Souverains, et Votre Majesté a prouvé à la France entière que sa volonté ferme est l'accomplissement du droit et de la justice pour tous. Je ne crains donc point de déposer à ses pieds les sentiments qui m'animent, elle daignera les accueillir comme l'expression sincère et vraie de mon affection pour elle ; si j'ai le bonheur d'être lu, je ne demande à mon Souverain que la faveur d'obtenir justice pour messieurs Julienne et Bernard, et, si je me trompe dans mes appréciations, je la supplie de me pardonner ma hardiesse en souriant de la faiblesse de mon érudition.

J'ai l'honneur d'être,

SIRE,

De Votre Majesté,

Le très-humble, très-soumis et très-obéissant sujet,

ANTOINE **CLÉMENT**.

Saint-Raphaël (Var), le 29 mars 1869.

IMPRIMERIE CENTRALE ALGÉRIENNE. — EUG. GARAUDEL
(Usine à vapeur).

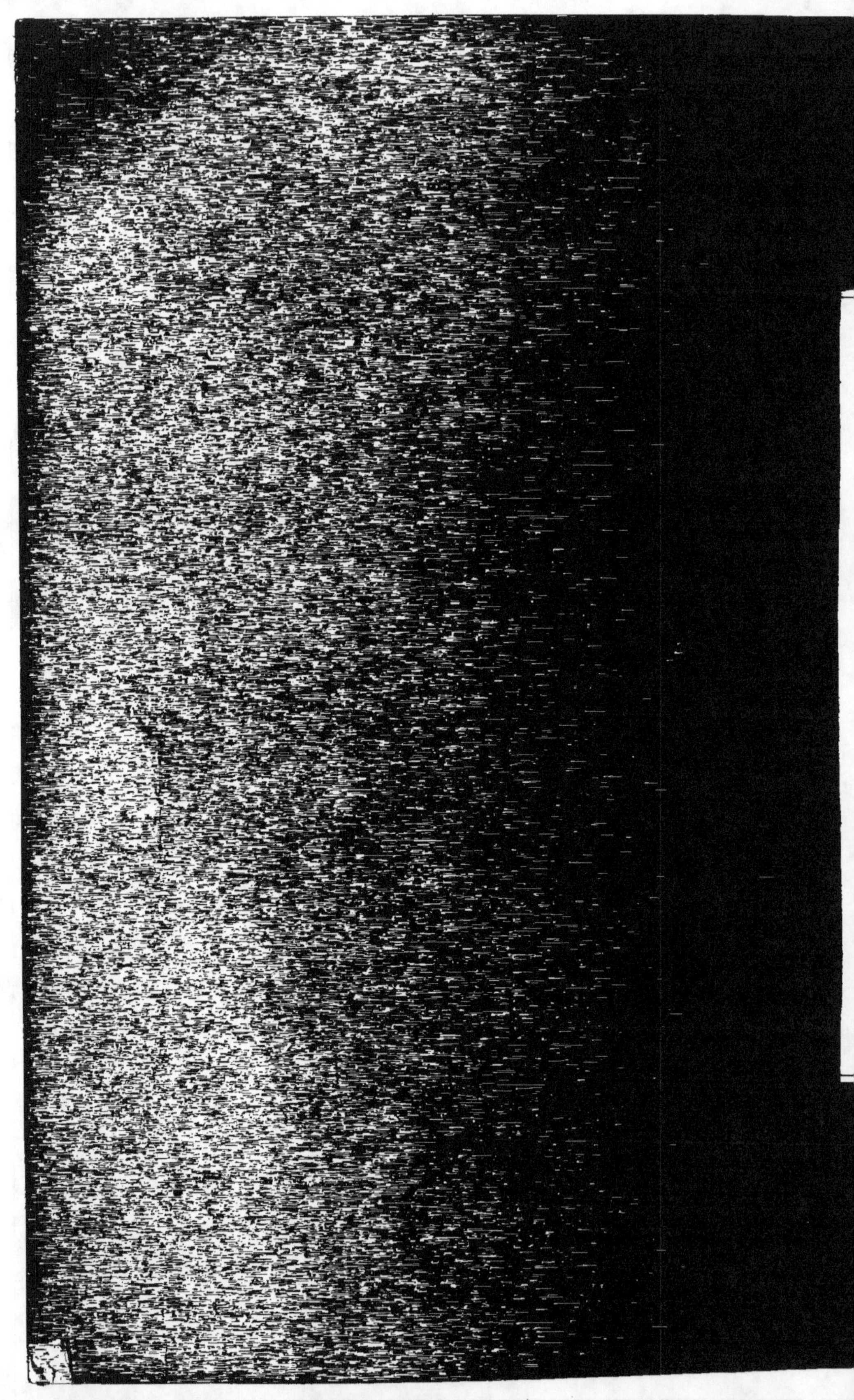

www.ingramcontent.com/pod-product-compliance
Lightning Source LLC
Chambersburg PA
CBHW061320060726
47596CB00003B/991